AF367429

FRANCISCO BARCELÓ RUBIO

LO QUE EL ALMA CALLA

© **Francisco Barceló Rubio**

ISBN: 84-605-8253.1

Depósito Legal: MU- 1853-1998

PRÓLOGO

> " Es dulce ser amado, pero amar,
> oh dioses, que ventura.....
> — GOHETE —

Ahora mismo no sé cómo componer el prólogo de tu libro, amigo Paco, ahora sólo sé que es de noche, que estamos en junio y que, como siempre, me acompaña mi agradable y amiga soledad.

La noche, ebria de calor, camina al encuentro del alba, mientras tus poemas absorben y abstraen mi mente. El mundo de la " magia creadora " de todo aquél que escribe ya está compuesto. Los instrumentos orquestales ya han sido afinados por la brisa sutil de la callada noche. Silencio, luna, estrellas.... hacen deslizar la vieja pluma olvidada en el sumiso papel.

Acabo de leer todos los poemas que van a componer tu primer libro " LO QUE EL ALMA CALLA ". La mayoría de ellos ya eran familiares a mis sentidos porque los había escuchado en muchas de las gratas reuniones que los dos compartimos. Antes nunca había tenido la dicha de tener sobre la mesa la obra completa para poder degustarla como un manjar exquisito en esta noche onírica de versos.

Gran parte de los poemas que componen esta obra versan sobre un mismo tema: el AMOR fruto de los sueños del autor. Yo distingo dos vertientes en el libro referentes al amor

- La vertiente modernista (sensorial, erótica...)

- La vertiente postromántica (sentimental, callada, íntima)

No hay nada en el hombre que goce de mayor libertad que los sueños. El escritor, mediante ellos, nos hace partícipes de su descubrimiento deslumbrador donde la emoción ante la palabra, el gusto por la belleza y la precisión del lenguaje nos recrea en un mundo impregnado de lirismo. Para ello , el poeta, se vale de los sueños y levanta su hipotética torre de marfil que nos adentra en los laberintos de amores recónditos, secretos y pasionales de los que nunca el lector podrá salir avanzando hacia adelante porque todos son inalcanzables.

En estos poemas, pertenecientes a la vertiente modernista, el AFÁN VITALISTA se manifiesta abiertamente con la invitación al goce, en una actitud pagana opuesta a la moral cristiana.

Para el humano, el amor

no es sólo el amor callado,

también está la pasión

por la que yo estoy pasando,

si existe el amor platónico

¡ dejémoslo para los santos !

Son poemas donde poesía y vida son dos elementos desconectados porque son más inventados o deseados que vividos, son únicamente en el fondo un poco ejercicio imaginativo fruto de ese exaltado sueño poético irracional.

Al escritor y lector sólo les queda la posibilidad de salir de este mundo pasional: retroceder y salir por donde habían entrado, porque nunca conseguirán llegar a la plenitud del "coito emocional".

Siempre hay en él un algo - su miedo - que frena este impulso incontrolado.

Este retroceso da lugar a la segunda vertiente que hemos llamado postromántica. Su miedo hace que en muchos de sus poemas amorosos descienda de su torre de marfil, dando lugar a una poesía más intimista, sentimental y callada. En definitiva mas espiritual que sensual, más artesanal y más trabajada.

Poesía y vida son ya dos entidades que se comunican porque ambas parten de la misma realidad.

"Miedo de no ser capaz

de decirte que te quiero,

de limitarme a soñar,

de condenarme al silencio,

de no decirte jamás

a voces mis sentimientos"

En los poemas de gozosa exaltación erótica tiene mucha influencia la INTENCIÓN del autor de poner en práctica todas aquellas experiencias adolescentes, tempestuosas y desmedidas ante el amor. En los poemas de amargura y frustración amorosa su poesía se hace

más auténtica y sincera, porque tiene más en cuenta la SITUACIÓN que la intención. Sería esta etapa aquella otra más serena y refrenada como consecuencia de los años, que se observa en su miedo al fracaso, al qué dirán,...

En estos poemas no necesita de gritos, sino que camina en silencio y con la mirada profunda, llenando su poesía de innumerables posibilidades y matices.

" Amor que de negro duelo

estás llenando mi alma;

amor que en mi desconsuelo

no puede encontrar la calma "

" LO QUE EL ALMA CALLA " incluye también otros poemas -pocos- que tienen una temática distinta a la anteriormente expuesta. Paco es un enamorado de la cultura de Andalucía, de ahí que en su libro incluya cuatro poemas en donde manifiesta su gran amor a esta tierra:

-ANDALUCÍA- un poema que recoge por cantes lo que es cada provincia de esta Comunidad.

" A Granada por Verdiales,

Almería por seguidillas,

Málaga, por Malagueñas

a Jaén por Soleares "

-PARA AQUEL REY QUE LLORÓ- Poema histórico que nos narra en crónica poética la pérdida del Reino de Granada por su último rey, Boabdil el Chico.

"¡ Boabdil, pronto perderás

tu regalo, tu reposo,

ese jardín tan hermoso,

tu reino tan bienamado "

-GRANADA- poema que habla sobre el misterio y el embrujo de esta ciudad.

Y un poema dedicado a Federico García Lorca donde relata con un tono a la vez desgarrado y sereno la muerte del gran poeta.

" Allá por la madrugada,

rodando por la cuneta

en el barranco de Víznar,

fertilizando la tierra,

ha quedado para siempre,

el corazón del poeta

Federico García Lorca,

su verdad y su leyenda "

Incluye también otros dos poemas de contenido religioso con un tono más popular, donde expresa con fervor su fe en su " Santíca " - así llama él a Santa Eulalia.

El libro acaba con un poema extenso titulado :

" UN BASTONCITO DE CAÑA ". Es un diálogo entre el autor y un anciano pequeñito con la espalda arqueada. En el dramatiza el aislamiento y la soledad en un tono reflexivo y denuncia una etapa muy importante de nuestras vidas como es la vejez.

" Al otro día contemplé

un entierro que pasaba,

iba tan solo y tan triste

que tan sólo era la caja "

Sus versos son desasidos y desnudos, como una tristeza que caminara. Los recursos de los que se vale apenas si nos permiten donde agarrarnos.

Al leer estos versos sencillos, pero profundos, en mis dedos no descansan unas simples hojas, sino que tiembla un hombre. Y es a este hombre, a mi amigo Paco, al que deseo toda la suerte en la difusión de su primer libro " LO QUE EL ALMA CALLA ".

"La noche acaba de besar al alba después de una noche desbordante en versos. Amanece. Mis ojos me indican que ha llegado la Luna....

Un abrazo.

EMILIO PULIDO MEDINA

(Profesor del Colegio " La Milagrosa y componente de la Asociación Cultural JITANJÁFORA)

SIENTO MIEDO

¿ Cómo he llegado a quererte
tanto como yo te quiero ?
Es tanto el amor que siento,
que al quererte, ¡ Siento mledo !
Miedo de no ser capaz
de decirte que te quiero,
de limitarme a soñar,
de condenarme al silencio,
de no decirte jamás
a voces mis sentimientos.
Miedo de no ser capaz
de luchar por lo que quiero,
de no poderte ofrecer
lo que para ti deseo.
Quizá es cosa de la edad,
quizás, los años que tengo,
quizás me gusta soñar,
quizás que sueño despierto,
pero si amarte es soñar,
prefiero seguir durmiendo
y no despertar jamás.

UNOS LABIOS, POCO MÁS

Un beso es algo, tan tierno,
es algo tan especial,
algo que sin ser sagrado,
necesita un ritual,
y no conoce más Dios
que el de una entrega total

Mis dedos en tu cabello,
como queriendo encontrar
en la seda de tu pelo,
donde poderse quedar.

Tus manos, en mi cintura,
para poderme abrazar,
mis ojos, en tu mirada,
para poder contemplar
como flota entre los dos,
una ternura sin par.

Y mis manos, liberadas,
para poder explorar
todo el resto de tu cuerpo,
como un infinito mar.

Como naves impulsadas
por un viento pasional,
con todo su trapo el viento,
sabiendo que no hallarán
en toda tu piel un puerto
donde poderse quedar,
para encontrar un descanso
que no quieren encontrar.
        Y si somos dos extraños,
¿ Qué te importa, que más da ?
¡ Si estamos plenos de amor
y sedientos a la par!
        Piensa sólo en este beso,
¡ No pienses en nada más !
Ni te importe si mañana
nos volvemos a encontrar
y recordamos tan sólo,
unos labios, poco más.

¿ EROS O LUJURIA ?

Las horas que junto a ti
paso al año, son tan pocas,
que he llegado a ser feliz,
pensando sólo en tu boca.

Tu boca como detalle
de un cuerpo que me fascina,
tus ojos, tu pelo, tu talle,
tus pechos, copas divinas,
donde quisiera beber
ese néctar de ambrosía
que hace que una hora de amor,
valga por toda una vida.

Tu ombligo, ansiada laguna
en medio de una pradera,
blanca, como luz de luna,
suave, como la seda.

Ese tan dulce rincón
que guardas con tanto celo,
que despierta la pasión,
que es objeto del deseo
que hace perder la razón.

Las columnas de alabastro

que son tus muslos perfectos,

y que no hubieran tallado,

ni los más grandes maestros.

Tu cuerpo que me desboca

las más ocultas pasiones,

deseando con mi boca,

besar todos sus rincones.

Que te inunde de placer

mi lengua, dardo curioso,

hacerte desfallecer

de este modo lujurioso.

Hacer contigo el amor,

amándote mientras pueda,

llegar al clímax los dos,

juntos, en esta odisea.

Para el humano, el amor,

no es sólo el amor callado,

también está la pasión,

por la que yo estoy pasando,

si existe el amor platónico;

¡ Dejémoslo para los Santos !

VENCIDO

Siento que se va la vida
a pasos agigantados,
¿ Las ilusiones ? ¡ Perdidas !
¿ Recuerdos ? ¡ Amortajados !

Harto de luchar,¡ Por nada !
Sin oír algo agradable,
con el alma destrozada,
de tanto ser responsable.

El corazón ya cansado
de sufrir y padecer,
aún es mas, desengañado,
y sin ganas de querer.

Harto de llorar por otros
cuando había que llorar,
de contemplar tantos rostros
que son, sombras, nada más.

Harto de estar padeciendo
por lo que nunca he querido,
harto de estar, discutiendo,
con palabras sin sentido,
hoy, te lo estoy repitiendo,
hoy, me declaro, VENCIDO.

MADRE SOLTERA

Te llaman, madre soltera,

por ser madre natural,

¿ No hay nueve meses de espera ?

¿ Es que el parto no es igual ?

¡ Pues que digan lo que quieran !

Si tú lo vas a criar

todo lo mejor que puedas,

y tanto o más lo querrás

que las otras madres quieran.

Que nadie es mejor que nadie

por tener padre legal,

¡ Si lo ha de criar la madre,

y ésta siempre lo querrá,

como nunca quiso a nadie !

PARA AQUEL REY QUE LLORÓ

¿ Cómo te podría cantar,
rosa que el moro cuidó ?
cuando incluso ¡ Te lloró !
Al tenerte que dejar,
aquel rey que te perdió.

Esa esmeralda enclavada,
por un capricho de Alá,
al pie de Sierra Nevada;
por la que brilló la espada
y tañera el atabal,
anunciando a la mesnada:
¡ Es la hora de atacar !
¡ Adelante, a por Granada !

Conquistemos esa rosa
por ser la flor más gentil,
rosa que siempre ha regado,
el Darro por este lado,
y por el otro el Genil;
y en el centro ese balcón
desde el que el Edén nos mira,
donde el Creador dibujó
esas puertas tan divinas,
empezando en Vibarrambla
y terminando en Elvira.

En este jardín de Alá

el cruel destino querría

que empezara mi penar,

y este penar sería,

el tenerlo que dejar.

¡ Cántale tú nazarita,

yo sólo puedo llorar !

Aunque la Historia me nombre

por llorar como mujer,

al no saber defender

a Granada, como hombre.

Pero nunca han comprendido,

no se han parado a pensar

que no se puede ganar,

lo que ya estaba perdido.

¡ Cómo se puede luchar

contra el designio de Alá,

el Dios todopoderoso !

cuando ya me había anunciado:

¡ Boabdil, pronto perderás

tu regalo, tu reposo,

ese jardín tan hermoso,

tu reino tan bienamado.

Y será injusta la Historia
que escriba la cristiandad,
maldiciendo tu memoria
hasta el pueblo musulmán.
Y así se te nombrará:
¡ El rey que perdió Granada,
porque se ponía a llorar,
en vez de empuñar la espada !
Al no poderme quejar,
¡ Cántale tú nazarita !
Yo, solo puedo llorar
a esta Granada bendita,
a esta perla del Islam,
donde las piedras me gritan
que no volveré jamás,
¡ Cántale tú nazarita !
Yo solo puedo, ¡ Llorar !

EL AMOR MULTIPLICADO

Cuando crees que se ha acabado
que no existe nada más,
siempre encuentras a tu lado,
alguien que te quiere hablar.

Alguien que te brinda amor,
alguien que quiere ayudar
compartiendo tu dolor,
entregándose, sin más.

Una sombra del pasado
perdida allá en la memoria
que ahora   te ha recordado
aquella pequeña historia.

Aquella mano tendida
en el preciso momento
que encontrándose afligida,
lloraste con su lamento.

Y aunque tú habías olvidado
aquella mano tendida,
aquel dolor mitigado
al curar aquella herida,
hoy, te devuelve la vida,
el amor multiplicado.

VIRGEN DOLOROSA

La rosa del Viernes Santo,
Madre de Dios dolorida,
¡ Quién podrá calmar tu llanto,
cuando de dolor transida,
quieras cubrir con tu manto
la figura descendida,
de ese cuerpo, ya sin vida,
del hijo que amabas tanto !

Quién podrá calmar tu pena
del hijo recién perdido,
tras morir por la condena
de lo que no ha cometido.

Viéndolo crucificado,
con la piel hecha jirones,
rey, de espinas coronado,
y alzado entre dos ladrones.

Y tú mujer, temblorosa,
llevas las manos alzadas
en tu desesperación,
mientras esas siete espadas
traspasan tu corazón.

Y es cada espada un dolor
que tú aceptas, Madre Hermosa,
plena de resignación,
siendo por esta razón
llamada, LA DOLOROSA.

COMO EN LOS CUENTOS

¿ Quién me habrá otorgado el premio ?

Tener tu cara en mis manos,

tener mi boca en tu boca,

mis dedos, entre tu pelo.

Poder contemplar tu cuerpo

mirándolo con pasión,

henchida, cual vela al viento,

por el viento del amor.

Olvidar los sinsabores

que pasé soñando un sueño,

viviendo en un sin vivir,

pero poniendo mi empeño

en poder llegar a ti.

Desvelar ese secreto,

diciendo a los cuatro vientos

lo que yo siento por ti,

lo mucho que yo te quiero,

pudiendo llevar, al fin,

desnudos mis sentimientos.

Pudiendo vivir, al fin,

en una vida de ensueño,

con un final tan feliz,

como el final de los sueños

VOLVERTE A ENAMORAR

Abiertas de par en par
tengo las puertas del alma,
para que entre sin llamar
lo que espero sin cesar
y que me roba la calma.

Ese amor que todo el mundo
ha esperado alguna vez,
ese amor dulce y profundo
que embarga todo tu ser.

Que te levanta hasta el cielo
en alas de la ansiedad,
elevándote en un vuelo,
pleno de felicidad.

O te hunde en la amargura
del pozo del desamor,
donde no existe ternura,
tan sólo pena y dolor.

Amor que nunca sabrás
si es total o es inconstante,
pero, párate a pensar,
y verás que lo importante,
es volverte a enamorar.

ALAS ROJAS

Rojas palomas, tus labios,
con las alas extendidas,
que saben, con besos sabios,
curar todas las heridas
que hizo en mi alma el amor,
clavándome sus espinas,
hiriéndome de pasión
que no es correspondida;
por donde brotan las perlas
del tesoro del amor
que son negras, negras, negras,
tan negras como el dolor
de amar y no ser amado,
yo me pregunto ¡ Gran Dios !
¡ Es que es pecado el amor !
si es así pido perdón
por estar enamorado.

MARIPOSA DE PASIÓN

Mariposa de pasión
posada en el alma mía
que liba la luz del Sol,
justo al despuntar el día.

Reflejos de fantasía
con resplandores de estrella
que acaricia el alma mía,
cual incorpórea doncella.

Semilla del mal de amores
que prendió en mi corazón,
planta, que sus negras flores,
son la pena y el dolor.

Luz de Luna que embrujó
las noches de Primavera,
de aquél que se enamoró
de un mito, de una quimera.

Sombra de un recuerdo infiel
que perturba mi memoria,
haciéndome padecer
de la manera más cruel,
por una imposible historia.

POR TI, SANTICA PRECIOSA

¿ Quién no lloró alguna vez

mirando tu cara hermosa ?

¿Quién no soñó alguna vez

queriendo ser mariposa

para posarse en tu palma ?

mirando, con mucha calma,

mirando muy bien tu faz,

de donde nace la paz

con que llenas nuestra alma.

Quién en un momento dado

no te ha querido cantar,

lo que su amor ha creado,

y no ha sabido expresar.

Y quién, Santíca preciosa,

alguna vez en la vida,

te ha pedido alguna cosa

que no le sea concedida.

Santa Eulalia de mi amor,

Patrona del totanero,

que te lleva el pueblo entero

dentro de su corazón,

escucha con atención,

escucha, desde allá arriba,

este grito de emoción

que lanzo como oración:

¡ Viva Santa Eulalia ! ¡ Viva !

SUEÑO QUE SUEÑO

Al soñar, sueño que sueño

y no quiero despertar,

porque soñando que sueño,

te he podido conquistar,

he podido ser tu dueño.

Y nos llegamos a amar

con esa cuerda locura

que se trasforma en ternura,

una ternura sin par.

Y me refugio en mi sueño

y no quiero despertar,

porque soñando que sueño

puedo sentir tu calor,

puedo disfrutar tu amor,

mientras olvido el dolor

de no poder ser tu dueño.

Si estuvieras en mi caso

tú también lo soñarías,

y nunca jamás dirías,

que son sólo, tonterías,

para olvidar un fracaso.

PENSAMIENTOS DE UN MOMENTO

Pensamientos de un momento
vertidos sobre un papel,
expresión de un sentimiento
que nunca llegó a nacer.

Aunque mas que no nacer,
es que nunca vio la luz,
que nadie llegó a saber,
que sólo supiste tú.

Tú que fuiste la ambición
nunca jamás conseguida,
el sueño de un corazón
que no por ser comedida,
dejaba de ser pasión.

Llama que se alimentó
igual igual que una hoguera,
con astillas del dolor
de lo que era y no era.

Algo que yo guardaré
como si fuera un tesoro,
algo que nunca diré,
aunque siempre pensaré
¡ Dios Santo, cómo la adoro !

TENGO MIEDO A ENAMORARME

Hace mucho, mucho tiempo
que se terminó el amor,
hace mucho, mucho tiempo
que sólo siento dolor.

A mí no se me acabó
porque lo tengo de sobra,
fuiste tú quien lo mató,
e hiciste muy bien tu obra.

Lo hiciste bien hasta el fin,
lo hiciste de tal manera
que del rosal nada queda,
¡ Mataste hasta la raíz !

Lo hiciste de tal manera
que hasta el terreno es baldío,
como tierra resecada,
tras pasar la Primavera
y tras pasar el Estío.

Lo hiciste de tal manera
que aún sobrándome el amor,
tengo miedo a enamorarme,
tengo miedo de entregarme,
tengo miedo del dolor.

MIL COSAS

Podría decirte mil cosas
que alegran el corazón,
cosas como, mariposas,
volando a tu alrededor
cual flores multicolores,
que alegran los corazones
con perfumes del amor.

Que no saben de razones,
tan sólo de sentimientos
que nacen tras las miradas
de los primeros encuentros.

Que tras el paso del tiempo,
aunque sean sólo unos días,
quizás se vuelvan lamentos
lo que fueron alegrías.

Pero la vida es así,
te puedes equivocar,
quizás te puedan herir
una vez y otra vez mas,
pero tú lucha hasta el fin,
vuelve a intentar ser feliz
volviéndote a enamorar.

TANTO AMOR

Nadie puso tanto amor
al dar un beso en la boca,
ni despertó tal pasión,
al lograr que un corazón
tan duro como la roca,
sintiera una sensación
que lo que fue diversión,
ahora la vuelve loca.

Conquistando un alma infiel
que nunca se supo dar,
y que vendió, hasta la piel,
por el placer de cambiar.

Ahora se entrega, sin mas,
en esa entrega total
sin límites ni fronteras,
del principio hasta el final.

Ahora comprende, por fin,
que no se puede vivir
cambiando así, por cambiar,
cambiando, sin mas ni mas,
que hay que darse a los demás
aunque te cueste sufrir.

LA PALETA NACARADA

Amor, que como un pincel,
viene a pintar en el alma
con color de amanecer,
con el de la mar en calma,
o de una flor al nacer.

Que maneja el corazón
con manos de la ternura,
los ojos de la pasión,
lo mismo que una criatura
llena de imaginación.

Que resaltas las virtudes
y que borras los defectos,
con esos trazos perfectos
con los que bajas y subes
pasiones y sentimientos.

Pinta de sol la mirada
que llevo en mi corazón,
la que tengo atesorada
como estandarte y razón,
la que quita mis enojos,
y que nació en la paleta
nacarada de tus ojos.

CUANDO SE MUERE EL AMOR

Hace muchos, muchos años,
murió lo que nos unía,
ahora somos dos extraños,
por tu parte y por la mía.

Que pretenden ignorar
que su amor no es lo que era,
que su amor fue en realidad
una fugaz Primavera.

Que murió de una manera
tan rápida y tan veloz,
que en vez de ser Primavera,
fue simplemente una flor.

Que lo quieren ignorar
de una manera incongruente,
quizá, intentando evitar,
el qué dirán de la gente.

Padeciendo en su interior
el amargor de la hiel,
cometiendo el gran error
que se les ve a flor de piel,
sin querer reconocer
que se les murió el amor.

SEGUIRÁS SIENDO MI CRUZ

Claroscuro de la noche
bañado con luz de Luna,
que se trasforma en derroche
de la inconstante Fortuna.

En donde el amor florece
en su espléndida arrogancia,
y donde sufre y padece,
mordido por la distancia.

Ese amor que me traiciona
cada vez que le apetece,
ese amor que no razona,
que explosiona, o se adormece.

Amor que de negro duelo
estás llenando mi alma,
amor que en mi desconsuelo
no puede encontrar la calma.

Amor que en la fantasía
de ese rincón escondido,
nunca podrá ver la luz,
amor, que día tras día
no se ve correspondido,
y sigue siendo mi cruz.

¿ CÓMO EXPLICAR ?

¿ Cómo le explico a mi alma ?
¿ Cómo le puedo explicar
que eres sólo una ilusión,
que eres tan solo una estrella
que no se puede alcanzar ?

Que solo se puede amar
con un amor, tan sublime,
que nos anula y suprime
incluso la voluntad.

Lo que siempre está a la vista,
y no se puede tocar,
lo que motiva a un artista,
lo que lo llega a inspirar,
lo que nos hace volar
en alas de fantasía,
algo que llena una vida
haciéndonos suspirar.

Lo que cuanto más se mira,
más nos hurga en esa herida
que nos ha de hacer llorar,
por la persona querida
que no se puede olvidar.

AQUELLA PRIMERA VEZ

Perlas que nacen del alma
cuajadas de desamor,
perlas que nacen del alma
a causa de un gran dolor.

Dolor que inunda las venas
matando el amor primero,
queja que se escucha apenas,
con un llanto, con un ruego.

Ilusión que en el nacer
ha encontrado ya la muerte,
mientras te hacían creer
que sería diferente,
llenando la fantasía
de infinita Primavera,
siendo sólo flor de un día.

Lágrimas de Primavera
las que tus ojos mojaron,
lágrimas de Primavera
las que en tu pecho lograron,
que hasta el amor renaciera,
tan mal como te trataron
en aquella vez primera.

ASÍ ES TU BOCA MUJER

Tierna, dulce, embriagadora,
así es tu boca mujer,
como el néctar de ambrosía
que degustaban los dioses,
y me muero por beber.
Que por ser licor divino
me sigue estando vedado,
¿ Acaso saborearlo
es un crimen o un pecado ?
Si porque eres tan hermosa,
aún siendo sólo mujer
he de verte como diosa
a quien no podré tener:
¡ Maldita sea esa cosa
a la que llaman edad
que marca unas diferencias
difíciles de salvar !
Pero de todas maneras
no me canso de esperar,
algún día podré beberlo,
algún día tendré tus besos,
¡ Aunque sea por caridad !

SIMPLEMENTE TÚ

Eres como la caricia
nacida a la media luz
que encubre los amoríos,
como el río embravecido
desbordante de pasión
que inunda un cuerpo de amante.
Caricia que nace y muere
en la piel de una mujer,
tras ser cubierta de besos
de la cabeza a los pies.
Algo que va madurando
en la mente enfebrecida
por el amor y el deseo,
soñando cuando será,
cuando se hará realidad
todo lo que he imaginado.
Sigues siendo el ideal
que pintó mi amor el día
en el que entraste en mi mundo,
sin quererlo ni esperarlo,
eres, lo que mas deseo,
eres simplemente TÚ.

DONDE NACEN LAS ESTRELLAS

En el fin del firmamento,
mucho más allá del Sol,
donde nacen las estrellas,
dentro de mi corazón.

Donde tengo la esperanza
de que un día, tú y yo,
entraremos de la mano
en el templo del amor.

Donde sólo existe un mundo,
el mismo que tú desees,
con el tiempo en nuestras manos
y la luz a nuestros pies.

Donde la imaginación
es molde de fantasía,
donde vive la ilusión
cada instante, cada día.

Donde el más pequeño roce
es, como hacer el amor,
alegría, placer, tristeza,
entrega, rabia y dolor,
allí, donde todo empieza,
allí, quiero vivir yo.

CONDENADO A DESPERTAR

Esto que yo estoy teniendo
no son sueños de ambición,
son sueños de un corazón
que de amor se está muriendo.

Sueños de amor y locura,
sueños de loca pasión,
sueños que sin remisión,
terminan en la tortura.

Que me hacen vivir un mundo
que no es un mundo real,
en el que cada segundo,
es toda una eternidad.

En el que siempre ha reinado
quien reina en mi corazón,
en el que vivo encantado,
aún siendo una sinrazón.

En el que hago realidad
lo que despierto imagino,
en el que como final
siempre me impone el destino,
la pena de despertar.

EL NOMBRE DE MI BARQUITO

Manantial de cromatismo
que nace en la fantasía,
profundo cono el abismo
donde cayó el alma mía.

Donde el Arco Iris toma
la fuerza para nacer,
donde la aurora se asoma,
para que la puedan ver.

Cuna donde el sentimiento
va brotando sin cesar,
allí donde, incluso el viento,
se torna brisa al pasar.

Mar tapizado de flores
con alfombra de coral,
donde los ríos de amores
sueñan con desembocar.

Donde navega mi amor,
como un barquito velero
con todo su trapo al viento,
y por nombre un sentimiento,
por nombre, ¡ Cuánto te quiero !

¿ QUÉ LOCURA PUEDO HACER ?

¿ Puedo hacer mayor locura
que la que ya estoy haciendo ?
¡ Ya no se puede querer
más de lo que estoy queriendo !
Me he puesto a soñar despierto,
a ver si encuentro locuras,
que sin molestar a nadie,
puedan llamar la atención
de ese ciego corazón,
que sin darme una razón,
pretende estar ignorando
por siempre, mis sentimientos.
¿ Quizás he llegado tarde
y profesas otro amor ?
¡ Pues que me perdone Dios !
Porque en mi cuerda locura,
para mí lo quiero fiel
y para el otro ¡ Traidor !
No es envidia, es sólo amor,
y como amor, egoísta,
por eso quiero vivirlo,
no para la Eternidad;
tan sólo mientras que exista.

Tan sólo mientras que viva
en la flor de nuestra piel
el deseo de acariciar.

De beber cada lamento
que nazca de las caricias
de nuestros juegos de amor.

Bebiendo en el carmesí
de la fuente de tu boca,
los suspiros de placer
que broten de tu garganta,
naciendo de la pasión
que inunda toda tu alma.

Y vuela mi pensamiento,
igual que una mariposa
por los campos del amor,
buscando las mil caricias
del roce de cada flor.

Y con pétalos de seda,
templar la suave cadena
que ha de esclavizar tu amor,
manteniéndolo a mi lado
por un tiempo, que al final,
no importa si es mucho o poco,
porque tras besar tus labios,

en mi loca fantasía,

habré de beber del cáliz

amargo del despertar,

teniendo que soportar,

igual que una losa fría,

a la cruda realidad

en la que ya no eres mía.

AMORES DE LA NIÑEZ

Hoy llegan como rumores
de remotas lejanías,
recuerdos de los amores
primeros de aquellos días.

Era el amor sublimado
en su máxima expresión,
era el amor entregado
de alma y de corazón.

El amor idealizado,
ensoñador, masoquista,
el sabor almibarado
de las primeras conquistas.

Donde el sexo, que no era,
si acaso llegaba ser,
era sólo una quimera,
una mirada tal vez;
era, el rozar una mano,
una nota en un papel,
Amores de fantasía
que no llegaron a ser,
amores, de aquellos días,
amores de la niñez.

EL BESAR A UNA MUJER

El besar a una mujer
es, como oler una rosa,
pues vuelves, cual mariposa,
una y otra y otra vez.

Mariposa descarada
que se torna persistente,
posándose reincidente
en el pétalo granada,
libando la almibarada
miel, que se ofrece en presente.

Y aún pensando terminado
el néctar embriagador,
torna otra vez a la flor,
en busca de otro bocado.

Y la flor, siempre gozosa,
sigue segregando el jugo
que se transforma en el yugo
que amarra a la mariposa.

Así, en tu boca jugosa,
no se cansan en la vida
 de libar, tan dulce herida,
mis labios, cual mariposa.

A SANGRE Y FUEGO

Cuánta palabra de amor
queda sin ser pronunciada,
cuánta palabra de amor
tiene que ser silenciada
antes de que vea la luz,
siendo gritada en el viento,
para que llegue a ti, y tú,
te enteres de lo que siento.

Cuántas palabras de amor
mueren antes de nacer,
cuantas palabras de amor
que no escucha el otro ser.

Palabras que lleva el alma
grabadas a sangre y fuego,
que se pronuncian con calma,
con un grito, con un ruego.

Expresión del sentimiento
que es la razón de una vida,
gozando, cada momento,
con la persona querida
guardada en el pensamiento.

CON EL PINCEL DE MI BOCA

Quiero empaparme de aroma,
del aroma de tu piel,
quiero beberme la esencia
de tu cuerpo de mujer.
Quiero llenarme de ti
hasta calmar la ansiedad
que inunda mi corazón,
quiero llenarte de mí
y darte felicidad,
amor, locura, pasión.
Quiero dibujar tu cuerpo
con el pincel de mi boca,
quiero que te vuelvas loca,
tan sólo con el recuerdo
de los momentos pasados,
sintiendo que tú, a mi lado,
fuiste algo mas que un cuerpo,
Fuiste lecho del amor
mas grande que se ha vivido,
aunque sea un contrasentido
que sólo lo sepan dos,
por que es un amor prohibido,
¡ Hasta por la Ley de Dios !

MALDITA MOSCA

Esa mosca molesta y follonera,
esa mosca maldita, tan pesada
que busca en nuestra frente la posada,
usando la nariz como escalera.

Esa mosca zumbona y persistente,
esa mosca cargante, intempestiva,
que hace que la mano, imperativa,
pretenda que se vaya hacia otra gente.

Esa mosca que rauda como el viento,
la maldita va cambiando de lugar,
pareciendo que adivina el pensamiento
al tiempo que nos va haciendo fallar
que nos hace felices al momento,
si podemos procurarle su final.

A LA AMANTE QUE NUNCA TUVE

Deseo estar a tu lado
y sin embargo, lo temo;
porque el estar a tu lado
es en mi cuerpo el veneno,
que despierta sentimientos
que no puedo controlar.

Sintiendo, que al mismo tiempo,
se transforma en sufrimiento,
pues tengo que reprimir
el sentimiento sagrado,
que hace que vuelen mis manos
a quererte acariciar.

Y siento que siendo amor,
es sólo un amor injusto,
porque nació en un momento
que no debió de existir.

Ahora lo llaman pecado,
pero creo que en realidad
se trata sólo de miedo;
de ese miedo tan cerval
que todo lo descompone
y no te deja pensar.

Es el miedo de uno mismo;
ese miedo irracional
que ni siquiera un segundo,
puedes dejar aflorar.

Y tengo miedo de mí,
¡ Y tengo miedo por ti !
Pues si llegara a tenerte,
aunque fuera un solo instante,
siempre querría tener más,
queriendo llenar mi pecho
de lo que ardiendo en si mismo,
va creciendo más y más.

Tengo miedo de tocarte,
de poderte acariciar,
aún siendo el sueño más grande
que pude tener jamás.

DISCRETO

Quizás necesito hablar
de lo mucho que te quiero,
de que estoy enamorado,
de que tengo mucho miedo.
Porque me pongo a temblar
cuando me encuentro a tu lado,
porque tu eres la mujer
dueña de mi corazón,
porque me sale el amor
por los poros de la piel.
Porque se me sale el ser
por la mismísima boca,
porque se me va el querer
por las palmas de las manos,
que vuelan como palomas
a quererte acariciar.
Porque te quisiera hablar,
porque te quiero cantar,
porque quisiera llorar
refugiado en tu regazo,
igual que si fuera un niño,
para disfrutar tu amor,
o mendigar tu cariño.

Para apagar ese fuego
que encendió en mi corazón
ese niño - dios del arco,
bebiendo en el manantial
de la fuente de tu boca,
de la noche a la mañana,
de la mañana a la noche,
por toda la vida, toda.

Pero me he de conformar
con llorarte en solitario,
con adorarte en mis sueños,
y con soñarte a diario.

Con pronunciar en murmullos
el nombre de tu persona,
y con ahogar los suspiros
que se escapan de mi boca.

Porque tu nombre es la espina
que llevo en mi corazón,
clavada hasta el mismo fondo,
en donde nace el amor.

No vayas a preguntar,

aunque sea por decoro,

o acabaré por llorar,

no vayas a preguntar,

porque si preguntas, lloro,

al tener que destapar

el cofre de mi tesoro.

Deja que guarde en secreto

el nombre de esa mujer,

¡ Déjame soñar despierto !

Que ella es guía de mi desierto,

la luz de mi amanecer ...,

es, como la fresca brisa

en las tardes del Estío,

latir del corazón mío,

que muere por no querer.

Siendo como eres, discreto,

no preguntes otra vez,

deja que guarde en secreto

el nombre de esa mujer.

COMO UN RUISEÑOR

Poeta que peregrino
andas cantando al amor,
sin saber que tu destino
es ser como el ruiseñor,
que nos alegra el camino
cuando va naciendo el Sol.

Escondido entre las frondas,
invisible entre las flores,
aquello que tu compones
hará que luego, entre sombras
inflame grandes amores.

transformando en oropel
el eco de tu dolor,
disfrutando del amor
en sábanas de satén.

Humilde como la flor
mas pequeña del jardín
del fondo del corazón,
disfrutas al compartir
tu perfume y tu color,
intentando ser feliz
al compartir tu canción.

POLIZÓN DE LA NOCHE

Escultura semoviente,
pasajera clandestina,
polizón impenitente
que tras de cualquier esquina,
de forma circunstancial,
hace un alto en el camino
del que siempre peregrino,
vagas buscando un final.
Viviendo entre desperdicios
igual que un negro moscón,
vas pregonando los vicios
de una civilización,
que al hablar de cosas serias,
es molde de las miserias
de tu humilde condición.
Presumiendo de grandeza,
de todo lo conseguido,
ignorándote escondido
en tu pobre fortaleza
de cartón y de papel,
te oculta y no quiere ver
que está fallando contigo,
y eres lo que quieres ser,
el pordiosero, el mendigo.

VOY MODELANDO TU CUERPO

Hoy me invade la añoranza,
la nostalgia y los recuerdos,
pensando, como serás,
en la penumbra del tiempo,
en ese instante impreciso
entre soñando y despierto.

Cuando se solaza el alma
entre lo absurdo y lo cierto,
jugando entre medias luces,
enredando el pensamiento.

Cómo será la persona
que sublime lo que siento,
el ideal del amor
que todos llevamos dentro.

Que colma las ilusiones,
que reina en el pensamiento,
que hace brillar en los ojos
las luces del universo.

Voy modelando en mis manos
cada pliegue de tu cuerpo,
voy modelando tus pechos,
que blancos, firmes y enhiestos,
parecen flores de lirio

suaves como terciopelo,
preludio de la belleza
que va llevando a tu cuello.

Y lo recorro despacio,
recreándome en los besos,
para llegar a tus labios,
rojos como el mismo fuego,
que ya aguardan a los míos,
temblorosos y entreabiertos,
lúdicos y sensuales,
siempre del amor sedientos.

Sorbiendo cada susurro,
sorbiendo cada lamento,
bebiéndonos la pasión
que nace de nuestro encuentro.

Deseando hacerlo eterno
y que no transcurra el tiempo,
porque con la luz del alba,
habrá de morir mi sueño.

TE FUISTE A LA NADA

Que pocas estrellas brillan
en esta noche, que amarga,
de penas, de sinsabores
y de lágrimas calladas.

Collar, que de negras perlas,
van brotando encadenadas,
rodando, calladamente,
a lo largo de la cara.

Mirando hacia atrás, la vida,
mirando, dentro del alma,
contemplando los recuerdos
de ilusiones trasnochadas.

Soñando, cuando el amor,
dormía en sábanas blancas,
arropándolo unos brazos
de azucenas perfumadas.

Arrullado por poemas,
madrigales y alboradas,
para quedarse dormido,
allá, por la madrugada,
sudoroso y soñoliento,
con la pasión agotada,
que habría de renacer

con la siguiente mirada.

Ahora que ya no estás,

que te marchaste a la nada,

ya sólo encuentro, vacío,

en tu hueco de la cama.

¡ Qué largas se hacen las noches

sin compartir la almohada !

¡ Siento que me quema el pecho !

¡ Siento que me duele el alma !

¡ Porqué te llevó la muerte

cuando te necesitaba !

Dejando mi vida triste,

soñadora y solitaria.

Desde que se fue mi amor,

mi compañera del alma,

¡ Qué pocas estrellas tiene

esta noche tan amarga !

DAR POR NADA

Es mas tranquilo el amor
cuando se ha querido antes;
se aprecia más el calor
de los encuentros de amantes.

Tienen la cuerda locura,
tienen también la paciencia,
que es hija de la experiencia,
que los llena de ternura.

Le llegas a acariciar,
 con tan solo la mirada,
es, hasta más dulce amar,
con la pasión controlada.

Tienes sólo un pensamiento:
el dar la felicidad,
que nace con este encuentro
de lo que olvidabas ya,
y que ha nacido de nuevo.

Lo quisieras pregonar,
gritarlo a los cuatro vientos,
pero te lo impide el miedo
de no saber si es real,
o estás soñando de nuevo.

COLOR DE LUNA

Eres tú la inspiración
que da vida a mi poesía,
que alegra mi corazón
y da color a mi vida.

Colores que da el amor
a la persona querida,
y quiere dar el pintor
a una criatura dormida.

Los colores que usa Dios
para pintar la mañana,
el Arco Iris, el Otoño,
o la Luna sobre el agua
cuando riela en el lago,
en una noche estrellada.

Si me llegan a jurar
lo que llegarías a ser,
lo que ibas a representar;
jamás pudiera creer
que te llegaría a amar.

Y yo, por todo lo que me das,
sólo te puedo ofrecer
migas de felicidad.

LA ESPINA

Que amarga es la sensación
de impotencia en expresar
los sentimientos de amor.
	Transformar los pensamientos
en estas simples palabras,
lo que siente el corazón,
la necesidad de dar
todo el cariño apresado
en la profundo del alma;
librarse de la opresión
que impide hasta respirar.
	Qué dulce es la emoción
que se siente al recordar,
y que gran tranquilidad
te embarga al imaginar,
como es el rostro, el mirar,
que anula nuestra razón.
	¡ Qué triste es la soledad
que se siente al recordar
a la persona querida.

Qué fugaz es la alegría
que se siente al dibujar,
pensando, en nuestra retina,
ese momento agradable
que nos dejó aquella risa,
de quien se llevó el corazón
clavado sobre una espina;
la espina de no saber
si es que, quizás, algún día,
sepamos correspondido
el amor que en la porfía,
jugamos a cara o cruz,
como razón de la vida.

¿ SABES LO QUE POSEES ?

Pide el esclavo, al cantar,
aquello que no ha tenido
privado de libertad;
quiere ser manumitido.

El ciego de nacimiento, ver,
porque nunca ha visto.
¿ Porqué será que el humano
siempre anhela lo prohibido ?
¿ Precisamente por eso,
por no poder conseguirlo ?

¿ O es que es condición humana
no apreciar lo que se tiene ?
¿ Es que por malaventura
nos hizo Dios con defecto ?
¿ Es eso precisamente
lo que nos hace luchar
contra vientos y mareas
por cualquier nimiedad ?

Porque una vez conseguido,
sea lo que sea, la verdad,
una vez acostumbrados
a poderlo disfrutar,
no se sabe en realidad
el valor que eso ha tenido,
hasta que nos hace falta,
hasta que lo hemos perdido.

RECUERDO AMARGO

Cuando creemos superado

aquel amor pasajero;

cuando creemos olvidado,

quizás, el amor verdadero.

Cuando el alma se relaja,

quizás, olvidando el pasado,

o recordando la cara

que amamos en el pasado.

Cuando menos lo esperamos,

se hace el pasado, presente;

hasta nos tiemblan las manos

y el sudor, perla la frente.

Se llenan de agua los ojos

sin poderlo remediar,

cuando evocamos el rostro

de quien llegamos a amar.

Es difícil soportar

ese golpe de emoción

que se siente, al escuchar,

esa maldita canción,

que nos hace recordar

aquel imposible amor.

ZOZOBRA

Quiero no pensar en ti,

y sin embargo, no puedo;

quiero olvidarme de ti,

y es peor el remedio.

Cuanto más quiero olvidarte,

más crece el amor que siento,

y quiero y no quiero borrarte

del fondo del pensamiento.

¡ Cómo extraño tu presencia !

y como, a cada momento,

pronuncio con insistencia

tu nombre, que sin clemencia,

se hace en mis labios, lamento.

No da razones la vida,

ni respeta que el amor

es siempre cosa de dos,

y abre una sangrante herida

con la cruel separación.

No quiero la sinrazón

de esta extraña circunstancia,

que es la nostalgia el amor,

mordido por la distancia.

SER POETA

Muchas veces me pregunto,

¿ Ser poeta es un portento ?

y me contesto, que no:

Ser poeta es, expresar,

todo lo que va brotando

del fondo del pensamiento.

Quizás, tan sólo una idea,

o quizás, un sentimiento,

cuando te encuentras tan solo

y evocas aquel recuerdo.

Ese momento sublime

de nacer una criatura,

o la insufrible tortura

del amor que se ha perdido.

No creas que es un portento,

es tan sólo que el escribe

aquello que tu has sentido,

y que no te has atrevido

a dejar en un papel,

porque se trata de algo

que nace del corazón.

Algo que canta al amor,

que recuerda a una persona,

o el perfume de una flor.

        Cuando llegue ese momento
en que te acuerdas de ella,
o que te acuerdas de él,
escribe lo que has sentido,
guárdalo en una carpeta,
y con el tiempo verás,
que también tú, eres capaz,
de escribir como el poeta.

TIERRA ADENTRO

Enterradme tierra adentro,
que no quiero ver sufrir
las olas que mueve el viento;
las olas que me arrullaron
desde el día en que nací,
en una cuna de nácar
y corales carmesí.

Fui creciendo en sus orillas,
donde el amor conocí,
mientras morían a mis plantas,
por estar cerca de mí,
formando un lecho de nácar,
y corales carmesí.

Ahora que pasó el tiempo
y se va acercando el fin,
con los cabellos muy blancos,
tintas las sienes de gris,
quisiera marcharme lejos
para no verlas sufrir,
y que me recuerden siempre,
como el día en que nací.

Cuándo, no se sabe cuándo,
venga la Parca a por mí,
llevadme lejos, muy lejos,
llevadme lejos de aquí,
en un féretro de nácar
y corales carmesí.
Llevadme lejos, muy lejos
y enterradme tierra adentro,
¡ No quiero verlas sufrir !

A GRANADA

Granada, ¿ Quien te cantó,
sin llorar al mismo tiempo?
¿ Quién pudo cantar tu aroma
entre las alas del viento ?

Y quién cantó tu perfume,
tus fuentes y tu color,
jardines, en donde siempre,
reinaba sólo el amor.

Flor de un revuelo tardío,
de brisa en los arrayanes
de la ribera del río,
con olor a madreselva,
menta y gotas de rocío.

Serrallo donde la Hurí,
danzó la danza del vientre,
guardada por mil guardianes
que nunca miran de frente,
que mueren por darte vida,
y viven para quererte.

Ahora que te conozco
y contemplo tu esplendor,
comprendo que se te cante,
y que seas en todo instante,
eterno jardín de amor.

MAR ADENTRO

El mar, la mar, el mar,
que una vez cantó el poeta;
la mar, el mar, la mar,
que diría el marinero.

Si la mar es al poeta
lo que la tierra al labriego,
ella es la mujer secreta,
la amante del marinero.

Amante, esposa y hermana,
siempre joven, siempre anciana,
tan joven, que peina canas
entre sus ondas de plata.

Espejo donde las nubes
se miran surcando el cielo,
como eternos danzarines,
con la música del viento.

En ti quiero navegar,
perdiéndome mar adentro,
siempre intentando trazar
caminos que nunca fueron;
caminos que no dejaron,
jamás, huellas o sendero.

Llegar hasta el mismo fin,
allá, donde el firmamento,
se confunde con tus olas
fundiéndose con el cielo,
fundiéndose, en uno solo,
entre suspiros inciertos.

Eterna bruja silente,
llanto, alegría y lamento,
¿ Con qué embrujo vas llenando
poco a poco el pensamiento,
que cuando más voy huyendo
perdiéndome tierra adentro,
más crece en mí tu recuerdo,
más crece mi sufrimiento ?

Y por calmar mi agonía,
¡ Quiero respirar tu aliento !
para allá, en la lejanía,
¡ Poder cantarte de nuevo !

ANDALUCÍA

Tengo una pena "escondía"
que me está haciendo llorar,
porque no puedo encontrar
el tiempo, ni la "media",
ni palabras que rimar,
para poderle cantar
a tu tierra, Andalucía.
Que le quisiera cantar;
a Granada por Verdiales,
a Almería, por Seguidillas,
Málaga, por Malagueñas,
a Jaen por Soleares,
Sevilla, por Sevillanas,
Córdoba, por Martinetes,
a ti, Huelva, por Fandangos,
y a Cádiz, ¡ Por carnavales !

FLORES PARA LA SANTICA

Yo quiero participar
en esta ofrenda de flores,
con un pequeño cantar,
Santica de mis amores.

Mis flores, serán distintas,
porque van en un papel,
ribeteadas con tinta,
y en el fondo, mi querer.

Por pétalos les pondría,
igual que si fueran besos,
cada uno de los versos
que componen mi poesía.

De color, pondría el amor,
de brillo, la devoción,
de fragancia, tu candor,
de forma, mi corazón.

y por tallo, si me dejas,
pondría mi inspiración,
quizás, incluso mis quejas,
y de hojas, tu adoración.

Por eso, Santa preciosa,
recibe de mí estas flores,
porque eres, la más hermosa,
por ser flor de mis amores.

UN BESO FUÉ LA SEMILLA

Allende la amistad que te profeso
existe la frontera del amor
que yo crucé sin pena y sin rubor,
el día que soñé con darte un beso.

Recuerdo que entre sueño y realidad,
hablando, nos cogimos de la mano,
dejando de sentir como un hermano
y viendo ante mis ojos la verdad.

Ahora ante la gente y sin temor,
alzo la voz en grito y lo confieso:
que ha muerto entre nosotros el pudor
que en celda de caricias vivo preso
gozando las delicias del amor
que tuvo su semilla en aquel beso.

UN NOMBRE PARA MIS SUEÑOS

Tengo que buscar un nombre
para ponerle a mis sueños,
algo que pueda expresar,
todo lo que estoy sintiendo.

una palabra, muy corta,,
y de contenido extenso,
tan antigua como el mundo,
grande, como el universo.

Sencilla en su sencillez,
grandiosa, como un portento,
que quepa en un corazón,
y que albergue al mundo entero.

Que solo con escucharla,
se estremezca todo el cuerpo,
haciendo brotar del alma,
las ilusiones, los sueños,
los amores y pasiones
que todos llevamos dentro:
que nos despierte a aquel niño,
de aquellos años inciertos.

Y si buscando y buscando,
llego al final, y no encuentro,
lo que quisiera encontrar,
quizás, en algún recuerdo,
tendré que jugar a Dios,
para crear lo que quiero.

LA VANIDAD DEL POETA

Qué poco cuesta halagar

la vanidad del poeta,

un, ¡ Me gusta, muy bonito !

un aplauso al terminar,

mira si cuesta poquito

halagar su vanidad.

Pues claro que es vanidoso,

lo mismo que los demás,

¿ Porqué va a ser diferente

de aquel vecino de enfrente,

de toda la humanidad ?

Un rizo, será un tesoro,

los labios, son un rubí,

una rosa es un ¡ Te adoro !

o un corazón carmesí.

En tus ojos ve un lucero,

las lágrimas pueden ser,

las perlas de ese ¡ Te quiero !

que nunca llegó a nacer.

El ha podido cantar

de una forma diferente,

lo que ha llegado a pensar

la mayoría de la gente.

Aquel susurro del viento,
aquel tibio atardecer,
aquel sublime momento
de besar a una mujer.

El nacimiento de un niño,
aquellas hebras de seda,
tan blancas como el armiño,
o lo poquito que queda
de lo que fue un gran cariño.

Cantarle al Sol, a la Luna,
hacer un mundo perfecto,
poder contar una a una
las luces del firmamento.

Cambiar por besos que vuelan
las hojas que arrastra el viento,
cambiar abrojos, por seda,
sólo con el pensamiento.

¿ Habrá cosa más bonita
que alegrar a los demás,
que esa mirada marchita,
vuelva otra vez a brillar.?

Regálale tu amistad,
que al igual que los demás,
tiene su corazoncito,
¡ Mira si cuesta poquito
halagar su vanidad !

COMIENZAN LAS CARICIAS

Cuando dos cuerpos se juntan
y comienzan las caricias,
las palabras se retiran
para dar paso a los besos;
para en un instante pleno
estallar, como un volcán,
todo ese amor contenido
en ese pozo sin fondo
que es el alma del humano.
Aflorando por las manos
que buscan la piel el otro,
todas llenas e ternura
y de insaciable avidez.
Prodigando tiernos besos
que lubrican la pasión
de ese partener de turno,
ocasional y vicioso;
de la pareja de siempre,
o del amante escondido,
que completará los fallos
de aquella vida incompleta.

Quizás no sea lo mejor,
ni sea lo mas consecuente,
pero lo que si está claro,
es, que en esos momentos,
son la guinda que corona,
y rompe todos los moldes
de la tarta de la monotonía.
Afortunado aquel
que no los necesite,
por tener otros mejores,
pues al juntarse dos cuerpos
y comenzar las caricias,
hasta las palabras callan,
para dar paso a los besos.

QUISIERA TENER LA LLAVE

Quisiera ser esa llave
que abre tu corazón,
quisiera ser esa clave
que despertará tu amor
para responder al mío,
que lo abrasa la pasión,
igual que abrasa el Estío
los trigales en sazón.

Esa llave que abrirá
el manantial de tu boca,
fuente donde beberá
agua que la calmará,
mi pasión, que se desboca.

El manantial de tus besos,
donde beberán mis labios
deseando quedar presos,
hasta agotar la fontana,
bebiendo sin descansar,
de la noche a la mañana.

Intentando así calmar
la sed de mi corazón,
que no encuentra a quien amar,
mientras se muere de amor.

COMO UN CRISTAL

El día que te cruzaste
en medio de mi camino,
me dije, ¡ Ya has encontrado
el amor de tu destino!
Porque me inundaste el alma
llenando mi soledad,
porque encontraba la calma
que nunca pude encontrar.
Te dije que te quería,
entregándote mi amor,
sin saber que anidaría
en mi pecho, el desamor,
porque tú no me querrías.
Y usando tu libertad
te enamoraste de otro,
y a mi me amarraste al potro
de esa tortura infernal,
de envidia y de sinrazón
que nadie puede calmar,
pues tortura el corazón.
Te imagino entre sus brazos,
y sin poderlo evitar,
siento, que como un cristal,
mi alma se va a quebrar
destrozada en mil pedazos.

Y siento envidia de él
porque te abraza y te toca,
porque acaricia tu piel,
porque te besa en la boca.

Quien pudiera ser aquél
que te inunda de placer,
hasta que te vuelves loca;
que de tu boca divina
bebe y bebe con fruición,
esas gotas de pasión,
igual que una golondrina
arrancaba cada espina,
a Jesús el Redentor.

Rozando en sublime vuelo,
una y otra, y otra vez,
hasta encontrar el consuelo
a sus ansias y a su sed.

Pero a pesar de envidiarle,
pues te puede acariciar,
no puedo recriminar
que decidieras amarle.

Y aunque no sepa hasta cuando
puede durar esta amor,
te voy a seguir amando,
¡ Aunque muera de dolor !

PERFUME DE QUIMERA

Haz que mi noche sea un cuento
de los de nunca acabar,
has que todo sean momentos
que nunca pueda olvidar.

Recítame algún poema,
haz que nazca el sentimiento,
para poderme entregar
hasta con el pensamiento.

Haz que me hierva la sangre,
preñada de Primavera,
inventando mil caricias
con perfume de quimera.

Haz que todo sea pasión,
tanto tuya como mía,
que no tengamos temor,
porque va llegando el día.

Haz que incluso, hasta la aurora
rezume concupiscencia,
donde el amor sea un beso,
y el besar sea una ciencia.

Que no quede ni un momento
que no duela recordar
con el paso de los años,
que nunca existan rencores,
ni penas ni desengaños.
Y luego, como final.
yo te podría recitar
ese poema tan bello,
mientras nos sirve de lecho
la seda de tu cabello,
para volver a empezar.

LOS BESOS QUE NUNCA DI

Tengo un manantial de besos,
de besos que nunca he dado,
besos que mantengo presos,
y que en un momento dado,
en un glorioso aleluya,
te cambiaré enamorado
desde mi boca a la tuya.

Formando un mundo de amor
que no atenderá razones,
uniendo dos corazones,
en un solo corazón.

Mientras mis manos, curiosas,
irán rozando tu piel,
lo mismo que mariposas
todas ávidas de miel,
liban y acarician rosas.

Así, las tuyas también
acariciarán la mía,
acariciaran mi piel
en la misma sinfonía,
tocando un réquiem final
en el que no importará,
si esa es tu piel, o es la mía.

NO EXISTE QUIEN QUIERA MÁS

Muchas veces me pregunto
¿ No he llegado a exagerar ?
¿ No estaré creando un mundo
imposible de habitar ?
Algo tan inusitado
que no queda quien lo invente,
a no ser que sea la mente
de alguien que está enamorado.
Algo que no es verdad, ni mentira,
algo, intangible y real,
algo, que sin ser normal,
es la razón de una vida.
¿ No serán los desvaríos
de una mente trastornada,
y estos pensamientos míos
son poco menos que nada ?
¿ O son una gran verdad ?
Aunque la verdad sea mía,
y que llegado este día
han conseguido aflorar
mientras que me repetía:
¡ No existe quien quiera más !

EN SÁBANAS DE SATÉN

Quiero dibujar tu cuerpo
en sábanas de satén,
hasta borrar el recuerdo
amargo que te atormenta,
perfumarte con pasión
preñada de fantasía.

Hacerte nacer de nuevo
a la ilusión y a la vida,
impregnar toda tu piel
con perfume de mi amor,
dejando sólo el sabor
a la menta y a la miel,
y que te quede el recuerdo
mejor de toda tu vida,
y para hacerte sentir
que fuiste la mas querida.

Abre tu cuerpo y tu alma,
sin reservas, al amor,
y déjame conducir
tu pasión y tu deseo,
en la nave del cariño
y la total confianza.

Sabiendo, que quien te quiere más

que a su propio ser,

lo único que desea,

es darte felicidad,

aún sabiendo que al final

de este momento sin par,

en el que todo se olvida,

y sólo reina el placer,

representando al amor,

tan sólo te quedará,

ese pequeño recuerdo

de que un día calmé tu pena.

Pero que le voy a hacer,

ya que no le correspondes

a mis pobres sentimientos,

prefiero ser ese recuerdo fugaz,

antes que toda la vida

un nostálgico amargado,

con una foto en el corazón.

EN SILENCIO

Que extraña es la sensación
cuando se quiere en silencio,
que expresivo es el silencio
cuando el silencio es amor.

Cuando trémulos los labios,
en un suspiro nonato,
tiemblan musitando un nombre.

Cuando el brillo de los ojos
es el espejo del alma,
donde se refleja el mundo
que existe en nuestro interior.

Cuando las manos quisieran
volar como mariposas,
para posarse en la flor
que es la piel del ser amado.

Entonces, y sólo entonces,
cuando tienes la impresión
 de que tu cuerpo se abre,
para acoger la semilla
que es el otro corazón,
nos brotarán, silenciosas,
las perlas que han de regar
ese amor, siempre callado,
que no ha de nacer jamás.

ES MI SINO

Quiero mirarte y no quiero,
si te miro me enamoro,
y si no te miro, muero.

Que el mirarte, para mi,
es como un soplo de vida,
lo que me ayuda a vivir,
aunque sea con una herida
en lo profundo del alma,
y que unas veces me quita,
y otras me da la calma.

Y si no puedo mirarte,
yo te imagino en mi mente,
pues terminé por alzarte
allí, un altar permanente
donde poder adorarte
si no te tengo a mi lado,
ya que no puedo olvidarte
por haberme enamorado.

¡ Maldito sea el Destino !
que me hizo conocerte,
teniendo escrito en mi Sino,
que no habría de tenerte.

COMO LA ESPUMA DEL MAR

Melaza de caracolas
de nácar y aguamarina,
espuma blanca de olas
que sobre la mar camina.

Ninfa de sin par laguna
que con tus cantos de amor,
has embrujado la Luna
robando su resplandor,
y en el irisado espejo
de tu cara cristalina,
se transforma en un reflejo
su rostro, de cara albina.

Así embrujaste mi amor,
haciendo que el mismo Eros
te prestara su candor
y sus dardos traicioneros,
que lanzaste, embaucadores,
cual alas de mariposas
de refulgentes colores,
formando un ramo de rosas
con la flor de mis amores,
hasta el final de las cosas.

LÁGRIMAS DE DESAMOR

Arrullo de luz de Luna
que en tus cabellos se enreda,
en una danza moruna
con olor a Primavera.

Poniendo un marco de flores
alrededor de tu cara,
luciérnagas de colores
pululando caprichosas,
en arabescos soñados
por mentes calenturientas,
enfermas del mar de amores.

Volviendo a formar primores
tan antiguos como el tiempo,
que después, cuatro palabras,
hacen que las quiebre el viento.

Huracán de desamor
que arrastra hasta el firmamento
las lágrimas que brotaron,
al igual que perlas rojas,
del fondo del corazón,
transformándose en estrellas
que adornan otro cabello,
en cantar de otro poeta.

IMPOSIBLE DECIDIR

No resulta nada fácil
vivir entre dos amores,
es, como ser jardinero,
sin poder tocar las flores.

Porque si tocara a una,
la otra estaría celosa,
y así pasará la vida,
cuidando de las dos rosas
que llenan su corazón.

Si se decide por una
abandonando la otra,
su amor no tendrá sentido,
pues su destino es tener
el corazón dividido.

La una tiene el color,
la otra tiene el perfume
que jamás ha conocido,
y sin poder separar
lo que nunca estuvo unido,
jamás podrá renunciar
a uno de los amores:
Lo mismo que el jardinero,
que por mucho que las quiera,
no puede tocar las flores.

POR UN SILENCIO

Porqué lo hiciste mujer,
porqué no dijiste, ¡ Mira
que lo que dices querer,
bien pudiera ser mentira !

Y yo te hubiera hecho ver
lo mucho que te quería,
que aquí, dentro de mi ser,
eras para mi la vida,
por que te sigo queriendo
igual, o mas todavía.

Y me duele ese recuerdo,
y miro hacia atrás con ira.
Pero no me atreví a hacerlo
porque en el fondo sabía,
que a dos personas que quiero
¡ Les iba a costar la vida !

Y por las noches despierto
entre sueños de agonía,
con tu nombre en un lamento,
porque es una llama viva
que me quema los adentros.

Y que más pedir podría
si la apagaras de un beso
mientras dices ¡ Vida mía,
yo también sufrí por eso,
que yo también te quería !

A LA MUERTE DE UN POETA

(Elegía a Federico García Lorca)

Días de largos silencios
donde mueren las quimeras,
donde el tiempo se aletarga
y pesa como una piedra.
Días de confesionario
de quien consigo confiesa,
días de eterno vagar
esperando tras la reja,
para expresar un rosario
de impotencia, rabia y queja,
esperando que me digan
el porqué de mi condena.
¡ Eres revolucionario
y ya está impuesta tu pena !
¿ Y por eso se me encierra ?
? Sólo por ser solidario
con mi gente y con mi tierra ?
No he hecho nada extraordinario,
por lo menos, que yo sepa,
tan sólo contar las cosas
de los que no tienen lengua,
de los que sufren, callando,
lo que da vergüenza ajena.

¡ Por eso estoy encerrado !

¡ Por eso se me condena !

¡ Sólo porque soy humano
y porque tengo conciencia !

Canto las cosas de un pueblo
que solo tiene miseria:
domadores de la vida
que sin bocado ni rienda,
cabalgan en la amargura
con el hambre por espuela.

Soñando con un futuro
que solamente se sueña,
trocándose en pesadillas
donde reina la pobreza.

¡ Por eso y sólo por eso,
es por lo que me condenan !

¡ Por decirles a la cara...
nada que ellos no sepan !

Tengo el pensamiento claro,
además de la certeza,
de que jamás volveré
cuando traspase es puerta.

Porque se que mi destino
es el cruzar la frontera
que aterra las inquietudes,
impertinentes, secretas.

Vestidas con cascabeles
que ni se escuchan ni suenan,
en un mundo en que el silencio
es la gran música eterna.

Cuando la haya pasado,
en un camino sin vuelta,
será para ir al encuentro
de la vieja Dama Negra.

No sé cuándo, no sé dónde,
ni me asusta ni me inquieta:
pero será en la mañana,
en la madrugada incierta,
cuando lloran los luceros
porque se van las estrellas.

Cuando cuchillos de lirio
nacen de la Luna llena;
cuando allá en el olivar
las luciérnagas destellan,
vistiendo brillos de bronce
en fraguas de Primavera.

Como caballos de mimbre
con resplandor de azucena,
para cabalgar muy lejos
guadaña sobre la espuela
a la oscuridad del hombre,
a la oscuridad eterna.

Antes que el rubor del Alba
haya vestido la sierra,
con los resplandores rojos
de las amapolas negras.

Entonces, y sólo entonces,
llegará la mensajera,
diciendo que enmudeció
el que cantaba a su tierra.

Allá por la madrugada,
rodando por la cuneta
en el barranco de Víznar,
fertilizando la tierra,
ha quedado para siempre
el corazón del poeta
Federico García Lorca,
su verdad y su leyenda.

ME DUELE MIRARTE

No, no es que no quiera verte
¡ Es que me duele mirarte !
me duele estar junto a ti
y no llegar a tocarte.

Estar callando un amor
grande como el universo,
y sólo puedo expresarlo
en estos sencillos versos.

Me duele tenerte cerca
y no poderte tocar,
me duele tenerte cerca
y no poderte besar.

Estar tan cerca de ti,
pero a la vez, tan distante,
que sólo mi fantasía
es quien puede acariciarte.

Pero en el mundo real
nunca te puede tener,
ni tan siquiera en mis sueños,
pero eso no impedirá
que siga pensando en ti,
y que te siga queriendo.

Flor del sueño de una noche,

en alas de fantasía,

que huyes de mi presencia

cuando va llegando el día,

¡ Escucha mi corazón !

y nace con la pasión

que brota del alma mía.

AMOR FINGIDO

Conmigo llevo un recuerdo,
conmigo llevo tu esencia,
conmigo llevo el ¡ Te quiero !
que me dejó tu presencia.

Conmigo llevaré siempre
los besos de aquella noche,
los besos que de las bocas
brotaron con tal derroche,
que le sirvieron de broche
a unas horas de pasión.

Conmigo llevo un recuerdo,
conmigo llevo un sabor
amargo de despedida,
de un amor que sin buscarlo,
llenó mi vida de luz,
siendo sombra de un pasado
que nunca me ha abandonado,
y que arrastra mi pecado,
como penitencia y cruz.

Ahora temo a las sombras,
temo hasta cerrar los ojos,
porque no cambies mis rosas
por un camino de abrojos

Porque llegaste hasta mí
aunque yo no lo quería,
¡ Porque yo no lo pedí !.

Ya sólo queda ante mí,
el recuerdo de esos días
en que tanto prometías,
¡ Nunca entendí que mentías !
y sólo puedo ¡ Sufrir !.

SUEÑOS DE AMOR

Sueño de amor imposible
que vas llenando mi mente,
con ecos de ese compás
que sin ser la realidad,
habitas en mi presente.

Quimera del pensamiento
que vas conformando un mundo
de ideales sin fronteras,
amores y desamores
¡ Ilusiones pasajeras
del alma que bien quisiera,
tener algo a lo que amar !.

Que vives en la esperanza
del poeta incomprendido,
porque buscando no alcanza
el verso que en lontananza,
no consiente ser vencido.

Letras, palabras, renglones
que quieren tener la forma
de un poema indefinido,
para quizás, escondido,
morar luego en los cajones,
amarillo y aburrido.

Impulsos que nunca llegan
de la musa, que coqueta,
flirtea y brilla inconcreta.

Espejuelo que embelesa
el sentir de un corazón,
que le cantará al amor,
en pluma de otro poeta.

AMARGA SENSACIÓN

Amarga sensación la que me llena,
pensando en la razón de mis desvelos,
cerrando ante el amor tupidos velos,
vistiendo al corazón de negra pena.

... Que a veces, recitando una poesía,
me preguntan a quién la he dedicado,
y tengo que ocultar quien me ha inspirado,
por la simple razón de no ser mía.

Teniendo que callar quien es la musa,
teniendo ante la gente que ocultarte,
teniendo que buscar, cualquier excusa.

Así puedo en mis sueños adorarte,
y en una realidad, algo confusa,
si que puedo ser tu amigo y contemplarte.

PERLAS DEL ALMA

Quién pudiera ser la flor
que ha perfumado tu cuerpo,
como sábana de amor.

Poder beber en tu piel
las lágrimas, que el roció,
dejó llorando por él,
después de haberlo tenido
en un instante fugaz,
y luego haberlo perdido,
para no tenerlo mas.

Por eso brillan al Alba,
cuando se despierta el Sol,
todas las perlas del alma,
lágrimas de desamor.

Elevándose hasta el cielo
y cayendo al día siguiente,
para que sepa la gente
que no ha encontrado consuelo.

Lo mismo que lloro yo,
que llorando lo perdido
estoy llorando tu amor,
aunque nunca lo he tenido.

FRUTO DE MI MENTE

Eres susurro en mi oído,
un suspiro en mi garganta,
una caricia en mi mano,
un ¡ Te quiero ! a media noche,
bajo la luz de la Luna,
los dedos qué se han dormido
en la seda del cabello
de la persona querida.

Eres lágrima de desamor,
el grito desesperado
del que estaba enamorado,
y ahora le muerde el dolor.

Eres como la mirada
de un niño necesitado,
triste, firme, acusadora,
pidiéndole caridad,
o quizás justicia a Dios.

Eres el justo reposo,
el descanso del guerrero,
la tranquilidad del alma
que espera la Negra Parca,
largamente deseada.

UN BASTONCITO DE CAÑA

Hoy, me he sentado en el parque
de una ciudad ignorada,
¡ qué importa cuál es el nombre,
no tiene más importancia.!

Lo hice en un banco escondido,
pero donde el Sol llegaba,
con el tibio calorcillo
que da la media mañana;
con una idea en la mente,
la de no pensar en nada.

Al poco, se acercó un viejo
que atento me saludaba:
era un viejo, pequeñito,
y con la espalda arqueada,
por el peso de los años
que sobre ella cargaba.

Con el andar muy cansino,
y al caminar se apoyaba
en algo como un cayado,
que era un trocito de caña,
que escapaba entre los dedos
de unas manos deformadas,
quizá a causa del trabajo,
de una madurez temprana.

La ropa limpia, muy limpia,
pero vieja y muy usada:
Su cabeza la cubría
una gorrilla de pana,
y los poquitos cabellos
que por debajo escapaban,
eran de un color tan blanco,
que parecía una nevada.

Alrededor de su cuello,
protegiendo la garganta,
de un color indefinido,
ya raída, una bufanda.

La piel era toda arrugas,
tantas, que no se contaban,
y por sus ojos salía
firme firme la mirada,
pero con esa tristeza
que le va sobrando al alma.

Se fue acercando despacio,
y al tiempo que se sentaba
me saludó, ¡ Buenos días !
con el que yo contestaba.

Primero dijo su nombre,

y por el mío preguntaba,

y tras decir, ¡ Encantado !

preguntó si molestaba;

yo le contesté que no,

y él dijo, ¡ Linda mañana !

Y seguimos conversando,

él era quien más hablaba:

Y si quiero ser sincero,

apenas si le escuchaba,

pero él no se daba cuenta

continuando su charla.

Me contó cosas de antaño,

lo mucho que trabajaba,

cualquier trabajo era bueno,

ninguno menospreciaba,

ni por segar con la hoz,

ni por cavar con la azada,

¡ Hasta hizo leña en el monte

a escondidas de los guardas !

Me contó de sus vivencias,

de políticos, de España,

de aquellos tiempos pasados

en los que hubo batallas,

que por defender ideas,

¡ Los hermanos se mataban !

Al cabo de mucho tiempo,
¡ No sé cuánto, no escuchaba !
me dijo aquel viejecito
de la cabeza nevada,
¡ Perdóname jovencito
si te ha aburrido mi charla !
Y se marchó, despacito,
apoyándose en la caña.
Cuando aquel hombrecillo
comenzó a darme la espalda,
me pareció ver caer
de sus ojos, una lágrima.
Sentí que un escalofrío
me recorría la espalda,
por no dar a aquel anciano,
algo que no cuesta nada,
¡ Un poquito de atención !
¡ Sólo un poquito de charla !
Al otro día contemplé
un entierro que pasaba;
iba tan solo y tan triste,
que tan sólo era la caja.
Ningún acompañamiento,
¡ni las campanas sonaban!

Sorprendido, pregunté
al hombre que lo llevaba,
y me contestó; ¡ Es un viejo
al que nadie saludaba !
Nadie sabía su nombre,
sólo ¡ Viejo ! le llamaban.

Seguro que ni la muerte
ha derramado una lágrima,
¡ No tenía más amigos
que un bastoncito de caña !

Bajaba todos los días
a este parque, y se sentaba,
en aquel banco escondido,
debajo de la enramada:
Buscando el tibio calor
que da la media mañana.

Me tuve que dar la vuelta,
para que no contemplara,
las lágrimas de tristeza
que rodaban por mi cara,
¡ Algo que no comprendía,
no lo conocía de nada !

Pero al mirar hacia adentro
y preguntarle a mi alma,
me contestó: ¡ En ese viejo,
ves tu imagen reflejada !

Pero..., perdóname joven,
te está aburriendo mi charla,
¡ Perdóname jovencito,
perdóname ! ¡ Hasta mañana !

Perdóneme usted abuelo,
no me aburría su charla,
ni es que estaba distraído,
simplemente es..., que pensaba,
y en usted estaba viendo
a mi imagen reflejada,
¡ Y estaba sintiendo miedo !
¡Y la boca me amargaba !
Y no he contestado antes
por no encontrar las palabras.

Pero ahora, le acompaño,
¡ Úseme como cayada !
¡ Y si usted quiere, le espero
en este banco mañana !

Mi agradecimiento a todas y cuantas personas han hecho que este libro llegue a ver la luz. Sobre todo Al grupo JITANJÁFORA, sin ellos y sin sus críticas constructivas, jamás hubiera llegado a ser lo poquito que pueda ser en este campo de la poesía.

Mi especial agradecimiento para ti EMILIO.

Al lector sólo puedo decirle que:

SI TAN SÓLO UNO DE ESTOS POEMAS
 MERECE SER RECORDADO POR TI,
HABRÁ MERECIDO LA PENA ESCRIBIR EL RESTO

FIN